学級づくりは，
4月で決まる！

中村健一 著

「笑いの練習」

わっはっは

ピタッ

ピ

黎明書房

はじめに

　この本のタイトルは，『学級づくりは，4月で決まる！』です。

　学級づくりは，ほんっと，4月が勝負ですからね。

　私は，『ブラック』シリーズ（明治図書）で，4月の大切さを訴え続けています。他の本やセミナーでも，そうですね。

> 　クラスが1年間もつかどうか？
>
> 　4月で100パーセント決まってしまう。

とさえ，よく言います。これ，ウソではありません。

> 　4月に学級づくりの手を抜くと，
>
> 　100パーセント学級崩壊してしまう。

　間違いのない事実です。

　今どきの子どもたちは，同じクラスになっただけでは，「仲間」だと思っていません。

　今どきの子どもたちは，担任になっただけでは，「先生」だと思っていません。

> 今どきの子どもたちは，同じクラスになっただけでは，「学級」という「集団」になってはいない

のです。だから，子どもと子どもを意図的につなげる必要があります。だから，子どもと教師を意図的につなげる必要があります。

そして，ただ群れているだけ，バラバラの子どもたちを「集団」にする必要があります。

それが，学級づくりです。私は，

> 学級づくりの土台があって，その上に授業づくりがある

のだと思っています。その証拠に，崩壊学級では，授業が成り立ちません。どんな優れた授業も，成り立たないのです。

逆に，良いクラスをつくれば，授業は簡単です。少々手抜きの授業をしても，子どもたちは嬉々として取り組みます。

私の授業が，まさにそう。私の手抜きの授業にも，子どもたちは大喜びで取り組んでいます。

私は授業づくりではなく，学級づくりで勝負しているのです。

大切な学級づくり。そして，学級づくりの命運を決める大事な4月。そのノウハウをネタ本形式でまとめました。

各章のタイトル「0」「1」「3」「7」「30」は，尊敬する野

中信行氏から学んだものです。野中氏の「3・7・30の法則」に「0」と「1」を加えました。

> 「0」は，新年度初日を迎えるまで。
>
> 「1」は，新年度初日。
>
> 「3」は，新年度初日から3日目まで。
>
> 「7」は，最初の1週間。
>
> 「30」は，4月の1ヵ月。

それぞれに，教師がしなければならない仕事があります。「0」の時間で，それぞれの「作戦」を立てましょう。

新年度が始まれば，大忙し。「作戦」を立てる暇なんてありません。

> 4月を制する者が，学級を制す！

この中村の名言らしきものを胸に，しっかりと「作戦」を立てましょう。そして，全力で4月の学級づくりをしましょう。

もちろん，この本を片手に！

本書『学級づくりは，4月で決まる！』は，4月を制するための教師必携のバイブルです。

中村 健一

もくじ

4 「3」の時間
―厳しい指導で，教室に秩序をつくる― ── 53

5 「7」の時間
—全てのルールを教えて，安心して1日が過ごせるようにする— 67

⎰6⎱ 「30」の時間
―教師のしつこさで徹底する― ━━━━━ 81

1

「0」の時間
学級づくりの「作戦」を立てる

　4月の新学期が始まってしまうと，大忙しです。

　学級づくりの「作戦」を立てている暇なんてありません。

　では，どうなるか？　間違いなく，「その日暮らし」の学級づくりになってしまいます。教師が思いつきで，学級づくりをするのです。

　今の現場は，非常に厳しいです。そんな適当な学級づくりが通用するはずがありません。学級は，どんどん荒れていきます。そして，下手をするとゴールデンウィークを待たずに，学級崩壊です。

　そんな悲惨な目に遭いたくなければ，「0」の時間を大切にしてください。

　しっかり学級づくりの「作戦」を立てましょう。準備をしましょう。

　第1章では，そんな「0」の時間のノウハウを紹介します。

「0」の時間で，
具体的な「作戦」を立てる

POINT

　学級づくりは，超具体的。「朝の会はどうする？」「日直は
どうする？」「宿題はどうする？」と，具体的な「作戦」を立
てましょう。

✏ すすめ方

① 　3月の春休みは，ゆっくりする。教師は，日頃，非常に忙
しい。リフレッシュする時間も大切。

② 　4月になって，担任するクラスが決まる。まずは，前年度
の情報を集める。その情報をもとに，どんなクラスにするか？
具体的に考える。荒れていた学年なら，「学級崩壊させない」
ことだけを目標にしてもいい。

③ 　細かなルールも考える。たとえば，給食。「給食当番はどう
する？」「おかわりはどうする？」「食べ終わった子はどうす
る？」と，細かく具体的にルールを決める。

④ 　子どもたちは「先生，おかわりはどうしたらいいですか？」
などと，聞いてくる。その時，迷いなく答えられるようにし
ておく。学級には，数多くのルールが必要。それら全てで，
迷いなく答えられるようにする。

「0」の時間で，「1・3・7・30」の「作戦」を立てる

POINT

学級づくりは，4月が全て！ 4月を「1」「3」「7」「30」に分けて，「作戦」を考えておきましょう。「作戦」は，考えるだけでは，ダメ。必ず，書き出しておくことが大切です。

すすめ方

① 新年度初日が始まるまでに，教師は4月の学級づくりの「作戦」を立てておく。考えるだけでは，ダメ。必ず書く。

② まずは，「1」。どんなネタで，子どもをつかむか？ どんな場面で，どう子どもを褒めるか？ 考える。

③ 次に，「3」。どうやって厳しい教師であることをアピールするか？ 学級の柱となるルール3つを何にするか？ 考える。

④ さらに，「7」。どうやって1週間で全てのルールを教えるか？ ルールの内容，教えるタイミングと方法を考える。

⑤ 最後に「30」。どうやってルールを徹底するか？ 考える。

全てのルールを1週間で
教える「作戦」を立てる

POINT

クラスには，多くのルールがあります。それらは全て「7」（1週間）で教えてしまいます。「7」で教え切るには，教師の段取りが必須。「作戦」が欠かせません。

すすめ方

① 決めたルールを「いつ」「どうやって」教えるのか「作戦」を立てる。

② たとえば，給食のルール。初めての給食の時，準備のルールは，4時間目の授業を10分早く終わって教える。給食を減らすルール（食が細い子は食べる前に減らすなど）やおかわりのルールは，「いただきます」の前に教える。

③ 昼休みのルールは，初めての昼休みの前に。教室移動のルールは，初めての教室移動の前に。この他のことも，初めての時に教えておくと，抜けがない。

④ 1週間で全てのルールを教えるのは，至難の業と心得る。教師は，しっかりとした段取り，「作戦」を考えておく。

子どもの名前は，全部覚える

POINT

　子どもの名前は，フルネームで全部覚えてしまいましょう。名前だけでも覚えておくと，後が楽。顔と名前を一致させるだけで，早く子どもたちを覚えられます。

 すすめ方

① 　4月の最初，子どもの氏名印を押す機会は多い。その時は，小さな声で名前を呼びながら，押す。

② 　クラスの名簿は，常に持ち歩く。たとえば，通勤の車の中。信号待ちの時などに，名前を呼んで，覚える。

③ 　指導要録，保健関係の書類など，クラス別に分ける時がある。その時は，何も見ないでも，自分のクラスの子かどうか分かるようにしておく。分からなかった子の名前は，10回小さな声で言って，覚える。

④ 　名前だけでなく，出席番号も覚えるといい。出席番号順に，全ての子どもの名前が言えるようにしておくことが目標。

プリントは配っておく＆名前覚えクイズ

POINT

　新年度初日，子どもたちに配るプリントは多いもの。下手をすると，プリントを配るだけで初日が終わってしまいます。そこで，予めプリントは配っておきましょう。子どもたちの名前を覚えながらすると，いいですね。

 すすめ方

① 　最初の座席は，出席番号順にする。子どもたちには，「早く君たちの顔と名前を覚えたいから」と説明すればいい。

② 　教師は，出席番号順に名前を呼びながら，プリントを配る。机の上に引き出しを出し，その中に配る。すると，新年度初日，多くのプリントを配らなくていい。

③ 　出席番号と名前を覚えられて，一石二鳥。

④ 　クイズのように楽しみながらするのがオススメ。机の上に名前が分かるものを置いておく。教師は出席番号順に名前を言って，プリントを配る。そして，呼んだ名前が合っているかどうか？　確かめる。

⑤ 　学級通信，学校だよりなど，担任の名前が分かるプリントは配らない。これ，絶対に忘れてはいけない注意事項。

提出書類は，封筒に入れる

 POINT

　新年度初日には，提出が必要なプリントもあります。多くのプリントに紛れてしまわないように，封筒に入れましょう。

すすめ方

① 　教師は，新年度初日に配るプリントを机の上の引き出しに配っておく。

② 　その時，提出が必要なプリントは，「提出用封筒」に入れる。他のプリントに紛れないようにするため。

③ 　封筒の表には，「提出用」と大きく書いておく。

④ 　「提出用封筒」には，「提出が必要なプリント等が入っています。この封筒に入れて，ご提出ください。どうぞよろしくお願いいたします」と，注意書きを書いた紙を貼っておく。

⑤ 　子どもたちは，「提出用封筒」にプリントを入れて，もってくる。

職員会議は，黙っておく

POINT

　4月最初の職員会議。議題が多く，時間がかかります。クラスの準備もしたいので，早く終わらせたいところ。黙っておけば，早く終わります。

すすめ方

① 　4月最初の職員会議。たくさんの提案がされる。

② 　よく分からない提案もある。しかし，あえてスルー。すると，どんどん会議が進む。

③ 　職員会議が早くすめば，クラスの準備にたくさん時間が使える。

④ 　どうせ提案された内容を全部覚えるのは，無理。実際にする時に，プリントを見たり，他の教師に教えてもらったりしながらするしかない。

教材選びは，人任せ

POINT —————————

　テストなどの教材を真面目に比べて決める教師がいます。でも，それは，時間の無駄。プロの教材屋さんが作った教材に，そんなに差はありません。

✏ すすめ方

① 　4月の最初。学年の教師が集まって，テスト，ドリルなどの教材選びをする。

② 　自分の意見は言わない。こだわりのある教師に任せる。

③ 　単学級の場合は，前の年と同じにする。心配なら，去年の担任に「使って困った教材はありましたか？」と聞けばいい。

④ 　去年の注文書をコピーする。担任名，クラスの人数を修正する。そして，そのまま業者に送る。値段が変わっていないかだけ，確認が必要。まあ，確認しなくても，大丈夫。値段が違えば，業者から連絡が来る。

押さえる必要のある子の
情報を集めよ！

POINT

　その子に背を向けられると，学級が危うい。そんなキーマンがいます。その子は，絶対に教師の「味方」にしなければなりません。「どの子も平等に」なんて，幻想です。

 **すすめ方**

① 　前の担任に，去年のクラスの様子を聞く。特に，クラスのキーマンになる子が誰か？　しっかりと聞き出す。

② 　ちなみに，キーマンは「やんちゃ君」の男子の場合がある。「陰ボスキャラ」の女子の場合もある。女子の場合は，分かりにくい。特に，情報収集が必須。

③ 　キーマンになる子の特徴を聞き出す。どんなことをすれば，喜ぶか？　嫌がるか？　しっかり聞き出す。

④ 　聞き出した情報を元に，その子に対応する。その子が喜ぶことは，どんどんする。嫌がることはしない。情報間違いのこともある。その子の反応は，しっかり見ておく。

⑤ 　キーマンを「敵」に回すと，クラスは危うい。クラス全員を引き連れて，教師の「敵」になる可能性もある。ご機嫌を取って，教師の「味方」にしておくのが得策。

うるさい保護者の情報を集めよ！

POINT

　教師が一番心を痛めているのが，保護者対応です。うるさい保護者の情報を集めておきましょう。自分の身を守るために大事なことです。

すすめ方

① 担任するクラスが決まったら，保護者の情報を集める。

② ものすごくうるさい保護者は，学校全体でも有名。「私のクラスの保護者で有名な方はいらっしゃいますか？」と聞けば，どの教師でも答えてくれる。

③ 有名でなくても，うるさい保護者はいる。その情報は，前担任に聞く。

④ うるさい保護者への対応は，当然，手厚くする。その保護者が，どういう対応を喜ぶか？　嫌がるか？　しっかり情報を集めておく。

⑤ 学校や教師に協力的な保護者，影響力のある保護者も調べておくといい。いざという時に頼りになるかも。

学級通信1号で，自己紹介をする

POINT

新年度初日の学級通信。教師の自己紹介を書いておきましょう。どんなクラスにしたいかも書いておくといいですね。

 すすめ方

① 教師は，学級通信1号に自己紹介を書いておく。

② 子どもたちに学級通信を配る。それを読み聞かせるだけで，教師の自己紹介になる。

③ 内容は，第3章で紹介しているネタがオススメ。

子どもたちが教師に話しかけたくなるものにする。

④ どんなクラスにしたいか？ を書いておくのもいい。学級通信を読み聞かせるだけで，教師の思いを伝えることができる。

⑤ 「先生の好きな食べ物は，どれでしょう？ ①カレー，②ラーメン，③どら焼き」など。三択クイズを載せておくのも面白い。班で相談して答えを決めさせれば，おしゃべりを促せる。

学級通信2号で，子どもを褒める

 POINT

　学級通信2号は，始業式の様子です。始業式が行われる前に学級通信をつくっておきましょう。すると，どんな視点で褒めればいいのか？　子どもを見るポイントが決まります。

✏ すすめ方

① 　学級通信2号の内容は，始業式の様子にする。

② 　「君たち最高学年の『お陰』で素晴らしい始業式になりました！」など，タイトルを書く。

③ 　記事は，子どもを個人的に褒めるものにする。「『気をつけ』が美しかったのは，○○くん，○○さんです」「大きな声で校歌を歌っていたのは，○○くんです」などと褒める。名前は空欄にしておく。

④ 　学級通信を印刷する。実際の始業式の時，教師は学級通信を見ながら，その記事に当てはまる子を探す。見つけたら，その子の名前をメモする。

⑤ 　書いておいた記事に名前を入れる。それだけで学級通信が完成。配って，読み聞かせれば，褒められた子は大喜び。

新年度初日は，分刻みの スケジュールをつくる

POINT

新年度初日は，大忙し。きちんと「作戦」を立てておかなければ，子どもたちをツカむ時間はありません。「0」の時間で，細かい段取りをしておきましょう。

 すすめ方

① 教師は，「教科書を配る」「学校だよりを配る」など，新年度初日にやらないといけないことを箇条書きする。

② 新年度初日の日程に合わせて，何時何分からそれらをするか書く。必要な時間も予想し，終了時刻も書く。

③ 残りの時間を利用して楽しいネタをする。これも，何時何分から何時何分までするか書く。ネタは，1〜5分でできるものがいい。(第2章，第3章を参照)

④ 分刻みのスケジュールに従って，新年度初日を過ごす。終わったことは，線で消していく。抜けなく，無駄なく，大事な1日目を過ごせるようにする。

⑤ 分刻みのスケジュールは，新年度初日だけでない。クラスが軌道に乗るまでは，毎日つくる。

「1」の時間
子どもと子どもをつなげる

今どきの子どもたちは，同じクラスになっただけでは，「仲間」だとは思いません。

そこで，教師が意図的に，子ども同士をつなげる必要があります。

子ども同士をつなげ，「仲間」にしていく。そして，学級という「集団」にしていくのです。

しかし，新年度初日は，大忙し。

教科書を配ったり，大量のプリントを配ったり。

下手をすると，配り物だけで，終わってしまいそうです。

何とか時間をやりくりして，楽しいネタを連発しましょう。

子どもたちが運命を感じるネタ，おしゃべりが弾むネタ，協力できるネタ，みんなで笑い合うネタなどなど。

時間がない新学期初日です。基本，5分以内でできるネタを集めました。

あなたのクラスに合ったネタを選んで，連発しましょう。

運命の仲間

POINT

新年度初日の鉄板ネタ。「この人と仲良くなれるかも」と，子どもたちに運命を感じさせることができます。

 すすめ方

① 教師はＡ４の紙にクイズの問題をつくる。クラスの人数の３分の１の問題を用意する。

② つくった問題は，イラストのように３つに切る。切り方は，１枚１枚変える。

③ 子どもたちにクイズの問題のピースを１枚ずつ配る。

④ 子どもたちは，自分と同じ問題のピースをもった「運命の仲間」を探す。３人集まったら，クイズの答えを相談する。

⑤ クイズの答えが分かったら，先生のところに言いに行く。見事に正解したら，クリア。１日の最後に行って，クリアした３人組から「さようなら」にしてもいい。

テッテッテッテッテレパシ〜♪

 POINT

　隣の席の人との相性をチェックできるゲームです。1発で成功を決めた相手とは，運命を感じます。

✏ すすめ方

① 　全員立つ。そして，隣の席の人と向かい合って，2人組になる。

② 　クラス全員で声を揃え，手をグーにしてフリながら「テッテッテッテッテレパシ〜イ♪」と言う。

③ 　最後の「イ」に合わせて，1〜5本，どれかの指を出す。同じ本数を出した2人組は，大成功。ハイタッチして座る。

④ 　立っている2人組は，再チャレンジ。今度は，1〜4本指です。成功したら，座る。失敗したら，次は，1〜3本指です。それでも成功しない2人組は，1本と2本だけでする。

⑤ 　最後は，1本指だけでする。成功して当たり前のチャレンジをする2人の姿に笑いが起きる。

合わせて〜10（テン）！

 POINT

2人で出した指の合計が10になればOKのゲームです。難易度が高く，なかなか10になりません。それだけに，10になった相手とは運命を感じます。

すすめ方

① 子どもたちは，自由に立ち歩いて，2人組をつくる。

② 2人で向かい合う。そして，声を揃えて，「合わせて〜〜10！」と言う。

③ 「10！」と言うのに合わせて，1〜9本のどれかの指を出す。

④ 2人の出した指の合計が，見事に「10」になれば，大成功。

⑤ 相手を変えて，②〜④をくり返す。3分間で一番多く成功した子が優勝。

心ひとつに

POINT

「日本で一番人気のアニメ」「『あ』で始まる食べ物」などの
お題に2人が同時に答えます。2人の答えが同じなら，1ポイ
ントゲット。同じ答えを言った相手には，運命を感じます。

✏ すすめ方

① 子どもたちは，2人組になる。向かい合って，座る。

② 教師が「世界一速い動物と言えば」とお題を出す。そして，
教師の「せーの」の合図で2人が同時に答えを言う。

③ 2人とも「チーター」と答えれば，1ポイントゲット。ハ
イタッチして喜び合う。違う答えだったら，「どんまい」と慰
め合う。

④ 「世界一強い動物」「世界一かわいい動物」と難易度を上げ
ていくと盛り上がる。3問出題して，一番多くポイントをゲッ
トした2人組が優勝。

⑤ 「日本一都会の都道府県と言えば」「田舎」「行ってみたい」
の都道府県編もオススメ。「野球」「写真を撮ってもらう時」
「勝利のポーズ」など，ポーズ編もオススメ。

同じ人，ハイタッチ！

📍POINT

「誕生月が同じ人」など，条件に合う人とハイタッチする
ゲームです。一番多くの人とハイタッチした人が優勝です。

 すすめ方

① 教師は「一番好きな色が同じ人」「血液型が同じ人」「よく行くコンビニが同じ人」などのお題を出す。

② 子どもたちは自由に立ち歩いて，同じ答えの人を探す。制限時間は，1分間。

③ 見つけたら，その人とハイタッチする。

④ ハイタッチした人数を数えておく。

⑤ 1分後，教師は何人とハイタッチできたか聞く。一番多くハイタッチした子が優勝。

2人の一緒を探せ！

POINT

　仲良くなるためには，おしゃべりが欠かせません。2人の共通点を探すことで，おしゃべりが弾みます。共通点があることで，運命を感じられるのもいいですね。

すすめ方

① 子どもたちは，2人組になる。

② 3分間おしゃべりして，2人の共通点を探す。見つけた共通点は，メモしておく。

③ 「人間である」「○○小の児童である」など，みんなに共通することは，ダメ。

④ 一番多くの共通点を見つけた2人組が優勝。

⑤ 見つけた共通点を発表させるといい。「お父さんの名前が一緒」「ハワイに行ったことがある」などの共通点に驚きの声が上がる。

黒板にクイズを書いておく

POINT

　黒板にクイズの問題を書いておきましょう。子どもたち同士で，答えを相談する姿が見られます。

 すすめ方

① 　教師は，黒板に「漢字暗号です。分かるかな？　他野士冑句等巣二市田井菜」と書いておく。

② 　子どもたちは，答えを考える。友達と相談する子も出る。

③ 　答えが分かった子は，他の子に教えたくなる。

④ 　後で教師が正解発表。正解は，「楽しいクラスにしたいな」。正解が分かっていた子に，みんなで拍手を贈る。

⑤ 　他にも，次のような問題がオススメ。

・数列「1・4・9・16・□・36・……」（正解は，25。1×1，2×2，……）

・ダジャレ五七五「コンドルが　空を飛べずに　○○○○○」（へこんどる）

・この日何の日？「9月12日」（クイズの日）

・回文「にわ○○○○○○○○○」ヒント：動物3匹（にわとりとことりとわに　鶏と小鳥とワニ）

他力本願ゲーム

POINT

クイズの問題に友達に答えてもらいます。自分で答えては
いけません。たくさん正解を書いてもらった人が優勝です。

 **すすめ方**

① 教師は「東京スカイツリーの高さは？」「日本の初代内閣総
理大臣の名前を漢字で」など，クイズを 10 問書いたプリン
トをつくる。そして，一人に 1 枚ずつ配る。

② 子どもたちは，自由に立ち歩く。そして，2 人組をつくって，
ジャンケンする。

③ ジャンケンに勝った子は，負けた子が答えられそうなクイ
ズの問題を 1 つ指定する。負けた子は，答えを書く。

④ 5 分間，相手を変えて，
どんどん 2 人組をつくる。
ジャンケンをくり返して，
同じようにする。

⑤ 教師は，正解発表。一番
多く友達に正解を書いても
らっていた子が優勝。

ジャンケンダービー

POINT

　ジャンケンで，誰が勝つのか？　勝者を予想するゲームです。友達を応援する姿が見られ，教室が温かい雰囲気になります。

 すすめ方

① 　クジで５人を選び，教室の前に出させる。クラスみんなに顔が見えるように，横一列に並ぶ。

② 　子どもたちは，ジャンケンで一番勝つ子を予想する。教師は，誰が勝つと思うか？　手を挙げさせる。

③ 　５人がみんなの前でジャンケンする。他の子は，自分が予想した子を応援する。

④ 　一番勝った子を当てた子に，クラスみんなで拍手を贈る。

⑤ 　時間があれば，班対抗にしてもおもしろい。

伝言ジェスチャー

POINT

　伝言ゲームのジェスチャー版です。言葉でなく，動作で伝えます。意外な変化に教室は大爆笑です。

 **すすめ方**

① 　教師は，教室の座席から，横一列を指名する。その列は立たせる。そして，廊下の方を向かせる。

② 　列の一番最初の子と，他の列の子にお題を見せる。たとえば，「コックさん」。（お題は，「おすもうさん」「ドラえもん」「ブランコ」「ライオン」「習字」などがオススメ）

③ 　一番最初の子は，2番目の子の肩を叩く。2番目の子は，振り向く。一番最初の子は，「コックさん」をジェスチャーで伝える。

④ 　2番目の子は，3番目の子の肩を叩く。そして，同じようにジェスチャーで伝える。4番目，5番目と伝えていくと，意外な物に変化していく。その様子を見て，大爆笑。

⑤ 　最後の子にジェスチャーをしてもらい，何だと思うか聞く。「コックさん」と答えれば，大成功。

消しゴムかくれんぼ

POINT

消しゴムを自分の分身にして，教室でかくれんぼをします。
子どもたちは，かくれんぼが大好き。大人気のゲームです。

 **すすめ方**

① 子どもたちは，消しゴムに自分の名前を書く。

② クジでオニを５人決める。オニは，廊下に出る。

③ オニ以外の子は，消しゴムを隠す。時間は，１分間。引き出しの中など，開けてほしくない所は，はっきり禁止する。

④ １分後，オニは教室に入る。他の子は，立つ。オニは消しゴムを探す。制限時間は，３分間。見つけたら，「○○くん，見っけ」と言って，消しゴムを持ち主に返す。見つかった子は，座る。

⑤ ３分後，立っている子は，見つからなかった子。立っている子に拍手を贈る。

オニは，捜索名人の○○君だ

見つからないケシゴムはないと言われている！

キョロ　キョロ

人気のキャラ誕生

ピラミッドしりとり

POINT

「え」「えい」「いるか」「かおいろ」「ろーすかつ」「つきのわぐま」「まーぼーどうふ」……と，文字数を増やしていくしりとりです。2人で協力して考え，高いピラミッドをつくります。

✏ すすめ方

① 1文字増やしながら続くしりとりを考え，ノートに書く。

② 2人で相談しながら，続けていく。交互に言う必要はない。

③ 一番高くピラミッドになる組み合わせを考える。3分間で一番高いピラミッドを書いた2人組が優勝。

④ 3分後，全員立たせる。そして，教師は，何段のピラミッドができたか？「0段の人，座る」「1段の人，座る」「2段の人，座る」……と，聞いていく。

⑤ 最後まで立っている2人組が優勝。みんなで拍手を贈る。また，2人で声を揃えて，1文字から順番に発表させる。9文字や10文字の言葉に「すっご〜！」と歓声が上がる。

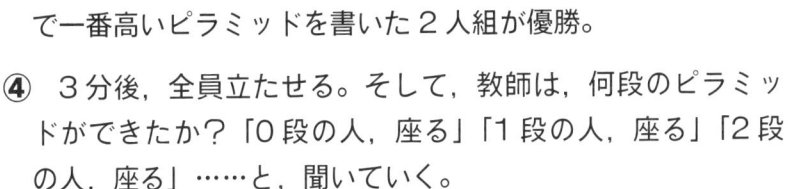

つなげるしりとり

POINT

「子ども→大人」などをつなげるしりとりを考えます。「子ども→問題→いくら→ラジオ→大人」と，一番早くつなげた人が優勝です。

すすめ方

① 教師は，黒板に「たまご→ひよこ」と問題を書く。

② 子どもたちは，「たまご」と「ひよこ」をつなげるしりとりを考える。

③ 思いついた子は「整いました！」と言って，立つ。そして，「たまご→ごま→マントヒヒ→ひよこ」としりとりを発表する。

④ 一番最初に思いついた子が優勝。何問か出題して優勝した数を競っても楽しい。

⑤ 「小学校→中学校」「東京→大阪」「今日→明日」など。問題は無限に作ることができる。

天井まで届く
紙のタワーをつくれ

✎ POINT

　子どもたちは，紙でタワーをつくります。天井まで届くタワーをつくれば合格です。子どもたちは，合格目指して協力します。ただし，10分かかるネタ。時間に余裕があれば，どうぞ。

✏ すすめ方

① 教師は，紙をできるだけたくさん用意する。印刷に失敗した不要な紙でよい。サイズもバラバラで構わない。

② 「班で協力して，紙のタワーをつくります。制限時間は，10分間。床から天井まで届けば合格です」と，教師はルールを説明する。

③ 子どもたちは，アイディアを出し合って，紙のタワーをつくっていく。自然とおしゃべりが弾むのが，このネタの良い所。

④ 10分後，床から天井まで届くタワーをつくれたら，合格。クラスみんなで拍手を贈る。

⑤ 合格班は，記念撮影するといい。その写真を学級通信に載せて紹介すると，良い記念になる。

ジャンケンで勝った人が取りに来る

2
15

POINT

子どもたちは，ジャンケンが大好き。ジャンケンで子どもたちをつなげましょう。

すすめ方

① クラスの人数分，配る物がある時。教師は，「班でジャンケンします。一番勝った人が取りに来なさい」と言う。

② 子どもたちは，笑顔でジャンケンする。勝った子は，得意顔。喜んで取りに来る。

③ 負けた子たちは，「悔しいね」などと，おしゃべりをする。

④ 「4月スタートで，誕生日が2番目に遅い人が取りにおいで」と言うと，誕生日を教え合う。

⑤ 「学校から家が一番遠い人が取りにおいで」と言うと，学校まで何分かかるか教え合う。また，家がどこにあるか教え合う。

くやしいね、次、がんばろう！

ジャンケンに勝って取りに来ました

得意顔

3

「1」の時間
子どもと教師をつなげる

　担任になり，子どもたちの前に立ちます。

　しかし，今どきの子どもたちは，すぐに「先生」だとは認めません。

　ただ，教室の前に立っている「大人」ぐらいの認識です。

　そこで，子どもと教師をつなげ，「先生」だと認めさせる必要があります。

　子どもたちとつながるには，まずは，おしゃべりです。

　そこで，子どもたちが先生に話しかけたくなるネタをたくさん用意しました。

　また，子どもたちは，自分のことを認めてくれる先生を信頼します。

　新年度初日から褒めまくって，子どもたちの信頼を高める作業も欠かせません。

　教師の一番の仕事は，褒めること。

　新年度初日から，子どもたちを褒める勝負は始まっているのです。

黒板に女の先生の絵を描く

POINT

　子どもたちは，誰が担任になるか？　ドキドキしています。そんな担任発表は，ドラマチックにしたいもの。0分で子どもをツカめる，超オススメネタです。

✏️ すすめ方

① 　男性教師は，同僚の女性教師に絵を描いてもらうようにお願いする。一番若い同僚の女性に頼むといい。

② 　自分が担任する教室の黒板に女の先生の絵を描いてもらう。「楽しいクラスにしたいわ♡」とコメントも書いてもらう。任せてかいてもらえば，OK。教室が若い女の先生のイメージになる。

③ 　新年度初日。クラス分けの表を見て，子どもたちが教室に入ってくる。黒板にかいてある絵とコメントを見る。子どもたちは「このクラスの担任は，女の先生だ」と思う。

④ 　始業式で校長が担任を発表する。「◯年◯組，中村健一先生」の言葉。子どもたちは，驚く。

⑤ 　教室に帰ると，子どもたちが口々に「俺，絶対，女の先生だと思ってた」と，笑顔で先生に話しかけにくる。

着任式で歌を歌え

POINT

着任式で歌を歌うことは，相当なインパクトがあるようです。「面白い先生だ」「いろんなことを知っている先生だ」「元気な先生だ」と，良い印象ばかり残せます。

✏ すすめ方

① 着任式で，新しく来た教師が自己紹介をする時。自分の所にマイクが回ってきたら，「せっかくマイクがあるので，歌を歌いたいと思います」と言う。

② 「ちょうちょ〜♪ちょうちょ〜菜の葉にとまれ〜♪菜の葉にあいたら〜，桜にとまれ〜♪」と元気よく歌う。音痴っぽく歌うと，さらにウケる。

③ 歌うのを止める。そして，「ここで，問題です。本当にちょうちょは，桜にとまるのでしょうか？」と問題を出す。

④ 最後に「そんなことを一緒に勉強していきたいと思います。中村健一です。よろしくお願いします」と元気に言う。

⑤ いろんな学年の子から「ちょうちょ先生」と呼ばれるようになる。また，いろんな子が話しかけにくるようになる。

※伴一孝・TOSS長崎著『初めて教壇に立つあなたへ　ウルトラ教師学入門』（明治図書）参照

席順に子どもの名前を
全部呼ぶ

POINT

　教師が子どもたちのフルネームを出席番号順に言います。何も見ずに言えば，子どもたちが驚くこと間違いなし。尊敬を勝ち取れます。

すすめ方

① 　教師は「0」の時間で，子どもたちの名前を出席番号順に覚える。（13，14ページを参照）

② 　最初の座席は，出席番号順に座るように指定しておく。

③ 　教師は，子どもたち一人ひとりの顔を見ながら，フルネームで呼んでいく。何も見ない。

④ 　最後の子まで名前を言う。完璧に言うと，子どもたちから「お〜！　すご〜！」と，歓声が上がる。

⑤ 　教師は「みんなと早く仲良くなりたいから，一生懸命名前を覚えました！」と言う。すると，子どもたちは，笑顔になる。そして，拍手してくれることが多い。

年齢を30サバ読む

POINT

教師の年齢を30歳サバ読んで言いましょう。それだけで，「先生，絶対○歳の訳ない！」と，子どもたちが話しかけてきます。

すすめ方

① 教師は自己紹介の時，「先生は，○歳です」と言う「○歳」は，実際の年齢と30歳違い。たとえば，私は54歳なので「24歳」と言う。

② 若い教師は，30歳上を言うといい。実際が30歳なら，「60歳」と言う。

③ 子どもたちは「先生，絶対○歳の訳ない！」と話しかけにくる。教師は，「どう見ても，24歳のお兄さんじゃないか」と，適当に返す。絶対に，ウソだと認めない。

④ ウソをつき続けると，子どもたちは，何度も話しかけにくる。話すことで，子どもと教師の距離は，グッと近づく。

⑤ ちなみに，私は「元嵐のメンバーです。でも，マスコミが騒ぐといけないから，絶対に内緒」と言っている。バレバレのウソに，子どもは話しかけずにいられなくなる。

「先生は，ジャンケン王です」

POINT

　教師が「先生は，ジャンケン王です」とウソをつきます。すると，子どもが次々とジャンケン勝負を挑んできます。

🖊 すすめ方

① 　教師は自己紹介の時，「先生はジャンケン王です」と言う。さらに，「ジャンケンの世界大会に出たこともあります。生まれて一度もジャンケンで負けたことがありません」と言う。

② 　子どもたちは，間違いなくジャンケン勝負を挑んでくる。そこで，ジャンケン勝負をする。

③ 　勝てば，「ほら」とドヤ顔で言う。連勝すれば，さらにドヤ顔をする。

④ 　負ければ，「君の名前は何だ？」と聞く。そして，「○○○○（その子の名前），君は中村先生を人生で初めてジャンケンで破った男（女）だ。君の名前は一生忘れないよ」と，真顔で言う。

⑤ 　教師は「よろしくね」と言って，堅い握手をする。これで，この子との「物語」を1つゲットできる。

好きな物を3つ言う

POINT

好きな物を3つ言うだけ。それなのに，子どもたちは，先生に話しかけに来ます。真面目な教師もできるネタです。

 **すすめ方**

① 自己紹介で教師は，好きな物を3つ言っておく。たとえば，「先生の好きな物は，広島カープとサンフレッチェ広島とラーメンです」と言う。

② 好きな物が一緒な子どもは，先生に好感をもつ。そして，「先生，何ラーメンが好き？　私は天下一品によく行くよ」などと，話しかけに来る。

③ 教師が本当に好きな物を言う必要はない。クラスの多くの子が好きな物を言うといい。

④ クラスには，絶対に押さえないといけない子がいる。「やんちゃ君」や「女子のボス」など。その子たちが好きな物は，必ず入れておく。

⑤ 「うずら卵が大好きです」と言うのが，オススメ。うずら卵は給食によく出てくる。「先生，何個入ってた？　俺，5個も入ってたよ！」と，話が弾む。

本当は長〜い先生の名前

POINT

　教師の長〜い名前を教え，覚えさせます。子どもをツカむ鉄板ネタです。一斉音読も鍛えてしまいましょう。

すすめ方

① 　教師は「先生のフルネームを言える人？」と聞く。「中村健一先生」と言える子がいたら，褒める。

② 　続けて，「でも，本当の名前は，も〜っと長〜いんだよ」と言う。そして，黒板に長〜い名前を書く。「(**な**) んて素敵で (**か**) っこいい (**む**) ら一番で (**ら**) イバルはいない (**けん**) かも強くて (**い**) い男 (**ち**) ょっぴりお茶目」など。

③ 　長〜い名前を一気に読む。そして，「あまりに長いんで省略して，中村健一と呼ばれています。King & Prince がキンプリと呼ばれているようなもんですね」と言う。アイドルグループを例にすると，女子をツカめる。

④ 　教師は「担任の先生の名前だから覚えないとね」と言う。そして，長〜い名前を一斉音読して覚えさせる。さらに，少しずつ消していく。全部消しても，子どもたちは言える。

⑤ 　子どもたちに長い名前を作らせるのもオススメ。

知的なネタで，
真面目な子もツカむ

POINT

　教室には，真面目な子もいます。知的なネタで，賢い教師を演じましょう。真面目な子の心もツカむのです。

すすめ方

① 　子どもたちに計算機を配る。教師は，「数字のマジックをするよ。計算機に 12345679 と入れてみて」と言う。子どもたちは数字を入れる。続けて，「2 〜 8 のどれか，好きな数字をかけて」と言う。バラバラな数字が並ぶ。

② 　教師は，「失敗したかなあ」と照れたように言う。そして，「じゃあ，その数字に 9 をかけてみて」と言う。すると，2 〜 8 の選んだ数字が並ぶ。子どもたちは驚く。

③ 　「このマジックには理由があるんだよ。分かる人いる？」と聞く。いない場合は，明日までに考えてくるように言う。

④ 　「12345679 × 9 ＝ 111111111」。この数字に 2 〜 8 をかければ，当然その数字が並ぶ。かけ算は順番を入れ替えても，答えは同じ。それが学べるネタ。

⑤ 　拙編著『新装版 めっちゃ楽しく学べる算数のネタ 73』（黎明書房）から，クラスに合ったネタを選んでするといい。

3回勝ったら, 帰れます

✏️ **POINT**

　新学期初日の「さようなら」前は，重要です。楽しいネタを1つして，「今日は楽しかったな」と思わせてから，帰らせましょう。

✏️ すすめ方

① 「さようなら」の前，教師は「中村先生が簡単に帰らせると思ったら，大間違いだ」と，話をフる。

② 続けて「今から，先生とジャンケン勝負をします。3回勝ったら，帰れるからね」と言う。そして，ルールを説明する。

③ 子どもたちは，先生とジャンケンをする。1回勝ったら，ランドセルを背負って立つ。2回勝ったら，教室の後ろに行く。3回勝ったら，前に来て先生とハイタッチ。そして，「さようなら」。

④ テレパシージャンケン（教師と同じのを出したら勝ち）も，オススメ。教師と同じのを3回連続で出した子は，先生と相性の良さを感じる。そして，運命を感じる。

門番ジャンケン

POINT

教師が教卓の上に立ち，ラスボスを演じます。教卓に立つインパクトは絶大。面白い先生と強い印象が残ります。

すすめ方

① 教師は，教卓の上に立つ。そして，「門番ジャンケンをします。先生に勝ったら，帰れるからね」と言う。

② クジで門番を４人選ぶ。イラストのように並ばせる。

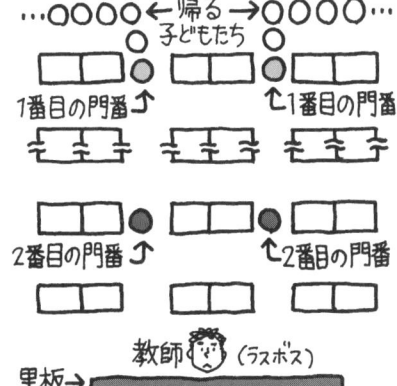

③ 門番以外の子は，第１門番とジャンケンをする。勝てば，第２門番と勝負する。負けたら，第１門番からやり直し。

④ 第２門番を倒したら，ラスボスとして君臨する先生と勝負。教師が勝てば，高笑いして「俺様を倒そうなんて，100 年早いわ！」と言う。負けた子は，最初からやり直し。

⑤ 教師が負けたら，「や〜ら〜れ〜た〜！」とオーバーに言う。勝った子は，笑顔で帰って行く。

とにかく「いいね！」と「ありがとう！」を連発

POINT

　子どもたちは，自分を認めてくれる先生を好きになります。どうせ，言葉はタダ。「いいね！」「ありがとう！」を連発しましょう。言葉にしないと，伝わりません。

すすめ方

① 　たとえば，姿勢の良い子がいた時。教師は，「○○くん，姿勢がいいね！」と褒める。

② 　字がきれいな子がいれば「○○さん，字がきれいで，いいね！」と褒める。

③ 　とにかく，子どもの良さを見つけたら，「いいね！」と声に出して褒める。名前を呼んで褒めるのがコツ。

④ 　同じように「ありがとう！」も連発する。あいさつしてくれれば，「気持ちがいいね！　ありがとう！」と言う。手伝いをしてくれれば，「助かった！　ありがとう！」と言う。

⑤ 　「いいね！」と褒められたり，「ありがとう！」と感謝された子は，嬉しくなる。そして，先生に認められている気がする。そして，どんどん先生が好きになっていく。

視点を決めておいて，褒める

POINT

　子どもたちは，先生から褒められたいもの。しかし，若手教師は，褒め言葉が少ないものです。どのタイミングで，どんな子を褒めるか決めておきましょう。そうすれば，たくさん褒めることができます。

✏ すすめ方

① 　たとえば，初めて翌日の日課を連絡帳に書いた時。教師は，「丁寧に書いているか？　チェックします。書けたら，持って来なさい」と言う。

② 　日課を書いた子から，教師の所に持って来る。

③ 　教師は，「『お願いします』と言った子を『礼儀正しくて，いい！』と褒めよう」「教師がチェックしやすいように，連絡帳の向きを変えて出した子を『人のことを考えられていて優しいね！』と褒めよう」などと，考えておく。

④ 　実際に「お願いします」と言って出した子を褒める。連絡帳の向きを変えて出した子を褒める。

⑤ 　褒められた子は，嬉しくなる。そして，先生のことが好きになる。また，他の子も褒められたくて，真似をする。

最初の宿題は
「先生に質問！」作文

POINT

　最初の宿題は，「先生に質問！」作文で決まりです。楽に書けるので，子どもたちも大喜びです。

 すすめ方

① 　教師は，作文のワークシートをつくる。「中村先生に質問が３つあります。１つ目〇〇〇。２つ目△△△。３つ目□□□。教えてください。お願いします。」の形式。

② 　「『三部構成』で書く技術」「『ナンバリング』の技術」が学べる作文であることも，ワークシートに書いておく。

③ 　ワークシートを配る。そして，新年度初日の宿題は，「先生に質問！」作文であることを告げる。

④ 　子どもたちは，宿題をしてくる。教師は，子どもたちの質問に赤ペンで答える。

⑤ 　教師の答えと一緒に，学級通信で紹介するのがオススメ。教師の自己紹介になる。

4

「3」の時間
厳しい指導で，教室に秩序をつくる

　若手教師，初任者に分かっておいてほしいことがあります。

　それは，子どもたちは，厳しい先生が嫌いではないということです。

　誰も，「いじめ」を受けたいと思っていません。

　学級崩壊したクラスで過ごしたいとも思っていません。

　教師の厳しい指導で，安定した，秩序のあるクラスをつくってもらいたいと思っています。

　そして，安心して暮らしたいと思っています。

　学級が「国」だとしたら，まず必要なのは，「警察」なのです。

　だから，楽しいだけ，面白いだけの先生だと不安になります。そして，楽しいだけ，面白いだけの先生は嫌いになります。

　自分は，厳しい教師だと，アピールしましょう。そして，子どもたちを安心させましょう。

　それが，「3」の重要な仕事です。

叱るパフォーマンス

POINT

　新年度初日，子どもたちは「良い子」です。しかし，「3」になると，気を抜きます。そして，ザワザワが収まらない時があるはずです。そんな時は，叱るパフォーマンスのチャンス到来。厳しい教師を演じましょう。

 **すすめ方**

① 　たとえば，クラスで楽しいゲームをした後。子どもたちのザワザワが収まらない時がある。教師は「静かにしなさい！」と一喝する。

② 　子どもたちが，一瞬で静かになる。そのぐらいの迫力をもって一喝できなければ，教師失格。

③ 　教師は，「先生は，楽しいクラスにしたいと思ってゲームをしたんだ。でも，こんなに落ち着かないなら，ゲームなんて，一切できない」と，熱く語る。

④ 　さらに，「ゲームがしたいなら，切り替えができるクラスにしなさい。もちろん，ゲームは大盛り上がりでいい。でも，ゲームが終わったら，サッと静かになる。そんなクラスにしなさい」と，熱く語る。

笑いの練習

POINT

　叱るパフォーマンスの後は，笑いの練習をしましょう。笑いの練習で，教師の指示通りに動けるようにするのです。子どもたちをきちんとコントロールできる教師にならないと，クラスは危ういです。

すすめ方

① 　叱るパフォーマンスの後。教師は「では，切り替えの練習をするよ」と言う。

② 　教師が手を挙げたら，大笑いさせる。面白いことがなくても，クラス全員で大笑いする。友達が大笑いする様子を見て，子どもたちは，本当に笑い出す。

③ 　教師が手を下げたら，笑うのを止める。姿勢を良くして座り，真面目な顔をする。

④ 　また教師が手を挙げたら，大笑いする。教師の手の合図で大笑いと真面目な顔をくり返す。子どもたちは，この切り替えが面白くて，本当に大笑いする。

⑤ 　笑いの練習で，子どもたちに教師の指示に従うことを教える。教師がクラスを統率するために，有効なネタ。

「ダラ〜」「ピシッ!」

POINT

笑いの練習と同じ。子どもをコントロールするネタです。
笑いの練習と一緒で，楽しくできるのがいいですね。

 ## すすめ方

① 「3」で子どもたちは，気を抜く。イスに座っている姿勢も，
どんどん悪くなる。

② 教師は「ちょっと姿勢が悪くなってきたね。では，思い切っ
て，もっと姿勢を悪くしてみよう。はい，ダラ〜」と言う。

③ 子どもたちは姿勢を悪くする。教師は，「もっとダラ〜」と，
もっと悪くするように言う。すると，机に伏せる子や足を上
げる子が出る。

④ 子どもたちの姿勢が思いっきり悪くなったところで，教師
は「今度は姿勢を良くするよ。ピシッ!」と言う。すると，
子どもたちは思いっきり姿勢良く座る。

⑤ 教師は，「ダラ〜」「ピシッ!」をくり返す。子どもたちは
言葉に合わせて，悪い姿勢と良い姿勢をくり返す。「ピシッ!」
で姿勢が良くなったところで，授業再開。

教科書, ノートの名前を チェックする

POINT

自分の名前は，大きく，丁寧に書かせましょう。名前にこだわって指導すれば，他のことも丁寧にするようになります。

すすめ方

① 教科書の名前は，自分で書かせる。学級通信などで，保護者が書かないように，お願いしておく。

② それぞれの教科の最初の時間。始めに教科書に名前をネームペンで書かせる。教師は，「自分の名前すら大切にできない子は，他のことも大切にできる訳がありません。自分の名前は，大きく，丁寧に書きなさい」と言う。

③ 書いた子から立つ。そして，全員立った列から，教師がチェックしていく。合格の子は，座る。

④ 名前の小さい子，雑な子は，当然「やり直し」。修正液を使って「やり直し」させる。「やり直し」させることは，事前に子どもたちに知らせておく。

⑤ ノートやドリルも，同じようにする。すると，子どもたちは，自分の名前を大きく，丁寧に書くようになる。

下敷きを入れて持ってこさせる

 POINT

　下敷き，ものさしなどの学習用具をきちんと使わせましょう。定着させるためには，教師のしつこい指導が欠かせません。

✏️ すすめ方

① 　たとえば，算数の問題を解いて，先生に丸ツケをしてもらう時。教師は「下敷きは，必ず使います。使っている証拠に，下敷きを入れたまま持ってきなさい」と言う。

② 　子どもたちは，指示通り下敷きを入れたままのノートを持ってくる。

③ 　下敷きを入れてきた子は，丸ツケする。入れていない子は，当然，「やり直し」。下敷きを入れて持ってこさせる。

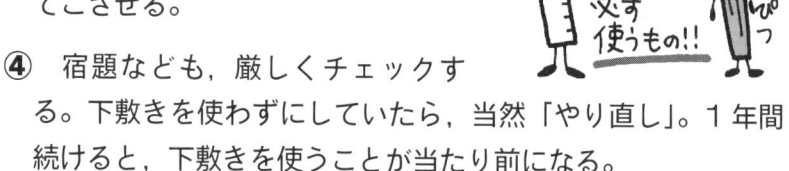

④ 　宿題なども，厳しくチェックする。下敷きを使わずにしていたら，当然「やり直し」。1年間続けると，下敷きを使うことが当たり前になる。

⑤ 　もちろん，下敷きに限らない。ものさしや赤鉛筆なども同じ。しつこく，「やり直し」させれば，使うのが当たり前になる。

丸ツケの行列をつくらない，しゃべらせない

POINT

先生に丸ツケをしてもらう時，子どもたちが行列をつくります。そして，おしゃべりをして，ザワザワします。これ，若手教師の教室によくある光景。学級崩壊につながる光景です。行列を防いで，荒れを防ぎましょう。

すすめ方

① たとえば，一人ひとりが算数の問題を解いた後。先生に丸ツケをしてもらうために，子どもたちが並ぶ。

② 教師は，子どもたちが問題を解く間に，答えを覚えておく。答えを覚えておけば，速く丸ツケできる。

③ 子どもたちは，先生が丸ツケしやすいようにノートを出す。教師が丸ツケしやすいノートの向き，出す位置などをきちんと教える。

④ 教師が丸ツケしやすいノートの出し方をした子は，「採点する相手を思いやれる優しい子だ」と，しっかり褒める。

⑤ それでも，何人か並ぶ子が出る時がある。そんな時は，「しゃべったら，席に戻って，『やり直し』」のルールをつくる。子どもたちは，黙って並ぶようになる。

「音」を消して，落ち着かせる
―聖徳太子ゲーム―

POINT

　いつもザワザワしている教室は，荒れていきます。そして，学級崩壊する確率が高い。「音」を消して，落ち着いた雰囲気を演出しましょう。

✏ すすめ方

① 　クジで選んだ1人を教室の前に出す。その子は，みんなに向かって，「たぬき」など3音の言葉を言う。

② 　他の子は，3音の言葉をノートに書く。もちろん，全員が正解する。

③ 　クジでもう1人選び，教室の前に出す。2人が同時に3音の言葉を言う。「とけい」と「いるか」など。2人同時なので，2回言う。他の子は，ノートに書く。聞き取れていれば，正解。

④ 　3人同時，4人同時……と増やしていく。子どもたちは，静かに集中して聞こうとする。

⑤ 「呼んでいるのは，誰?」「30秒当て」「どっちが正解?」「ワンワン犬当てクイズ」など，「音」を消すゲームはたくさんある。黎明書房の拙著を参考にしてほしい。

「当たり前のことは，当たり前にさせます！」と宣言する

POINT

　子どもたちは，厳しい先生が嫌いではありません。厳しい指導で教室に秩序をつくってほしいと思っています。そして，安心して暮らしたいと思っています。自分が厳しい教師であることをアピールしましょう。

✏ すすめ方

① 　教師は「話をします。姿勢を正しなさい」と言う。真面目な話をする時には，雰囲気づくりが大切。「姿勢を正しなさい」なんて，あえて堅苦しい言い回しを使う。

② 　真面目な顔で「中村先生は，厳しい先生です。当たり前のことは，当たり前にさせます！」と宣言する。

③ 　あいさつ，給食，掃除は，厳しく指導することを告げる。

④ 　もちろん，この３つは，教師の方針で変えていい。しかし，学級の柱となるルールは，３つに絞る。子どもが覚えられるのは，３つまでだと心得る。

あいさつは
「自分から！　大きな声で！」

POINT

　良いクラスをつくるには，当たり前のことを当たり前にさせるのが大切です。まずは，あいさつからスタートです。

✏ すすめ方

① 　新年度２日目。朝のあいさつの後，教師は「全員，起立！」と言う。子どもたちは，立つ。

② 　教師は，続けて，「あいさつは，大事です。あいさつができないと，就職できません。中学校の部活でも，レギュラーになれません」と，あいさつの大切さを説く。

③ 　さらに，「あいさつは『自分から！　大きな声で！』でします」と言う。そして，教師が「あいさつは？」と聞いたら，「自分から！　大きな声で！」と言う約束をつくる。

④ 　教師は，「朝，教室に入る時，先生に『自分から！　大きな声で！』あいさつできた人は座る」と言う。座った子は，褒める。座れない子は，次の日からするように言う。

⑤ 　「あいさつは？」「自分から！　大きな声で！」は合言葉にする。１年間ずっと言わせ，できたかチェックし続ける。

給食は，3つの合言葉で

　　クラスの3つの柱。2つ目は，給食です。給食は「準備」「残菜」「時間内完食」の合言葉で鍛えましょう。

 すすめ方

① 　新年度，初めての給食の時。4時間目を10分早く終わる。教師は，その10分を使って，給食の合言葉を教える。

② 　準備は，黙って10分以内にすることを説明する。合言葉は，「準備は？」「黙って！　10分以内！」。

③ 　次に，残菜の合言葉「感謝の心で」「残菜 0（ゼロ）！」を教える。ただし，給食を無理に食べさせるのは，厳禁。食の細い子は，最初に減らすようにする。おかわりをする子は，「感謝の心をもったエライ子」という位置づけをして褒める。すると，どんどんおかわりする。クラスみんなで「残菜0」を目指す。

④ 　最後に「時間内に」「完食する！」の合言葉を教える。

⑤ 　合言葉は，くり返し言わせる。そして，できた子をしっかり褒める。でも，「残菜0」や「時間内完食」ができない子は，叱らない。給食は，ゆるやかな指導が，吉。

掃除は黙ってさせる

POINT

　掃除は，黙ってさせるのが基本です。「沈黙の時間」が学級を落ち着かせます。

✏ すすめ方

① 　初めて掃除がある日。昼休みの後，すぐに掃除場所に行かせない。教室に戻ってくるように言う。

② 　子どもたちに掃除の合言葉「掃除は？」「黙って！」を教える。教師が「掃除は？」と聞く。子どもたちは声を揃えて「黙って！」と言う。

③ 　教師は「では，黙って掃除をしてきなさい。絶対にしゃべっては，ダメ。どんな例外も認めません」と厳しく言う。

④ 　教師は，全ての掃除場所をぐるぐると見て回る。黙って掃除していれば，褒める。しゃべっていれば，叱る。③で言った通り，どんな例外も認めない。言い訳は聞かない。

⑤ 　5時間目の最初。教師は全員起立させて，合言葉を確認する。そして，黙ってできた子は，座らせる。全員座れれば，褒める。立っている子がいれば，叱る。さらに，次におしゃべりしたら，掃除させないことを厳しく告げる。

いじめをする子は
「先生の敵」です

「いじめ」は，一端起こってしまうと大変です。まず，解決できません。それでも，教師は解決に向けて，相当な労力を使わざるを得なくなります。「いじめ」は，予防するしかないのです。

すすめ方

① 「3」の時間で，「いじめ」を扱った授業をする。

② 授業の最後，「先生は，絶対に『いじめ』を許しません」と，教師は熱く語る。

③ さらに「『いじめ』をする子は，先生の『敵』です。先生は全力で『敵』と戦って，『いじめ』をやめさせます」と，熱く語る。真面目な顔で，迫力をもって語る。

④ 「先生と同じで，『いじめ』を絶対に許さないという子はいますか？」と聞く。子どもたちは，全員手を挙げる。

⑤ 教師は最後に「みんなを見て，分かったよね。このクラスには，『いじめ』なんて卑怯な真似をする人間を許す子なんて，いない。『いじめ』をするなら，先生とクラス全員を『敵』に回す覚悟でしなさい」と，熱く語る。

全校を落ち着かせれば，教師みんなが楽できる

POINT

学校全体が落ち着けば，学級崩壊の可能性は低くなります。初任者や若手教師のためにも，学校全体を落ち着かせましょう。援護射撃は，我々ベテランの仕事です。

すすめ方

① 教務主任，生徒指導主任，体育主任などは，全校児童を相手に話すことも多い。その時，学校全体をシメる。

② シメると言っても，褒めることが基本。「全校が黙って体育館に集まれるのは，すごいね！」「一番最初に体育館に入って来たクラスは，姿勢もいい！　黙って待てるのも，すごい！」など褒める。褒めて，典型化していく。

③ もちろん，ザワザワしていれば，叱る。全校が一瞬でシーンとなるぐらいの迫力をもって，叱る。

④ 特に，6年生をシメることが大切。最高学年である6年生が良ければ，学校全体が良くなる。悪ければ，学校全体が悪くなる。

⑤ 6年生を全校の前で，どんどん褒める。6年生も手を抜く訳にはいかなくなる。

5

「7」の時間
全てのルールを教えて，安心して1日が過ごせるようにする

　新年度最初の1週間で，クラスのルールを全部教えてしまいましょう。

　朝来てから，帰るまで。子どもたちが，迷わず，安心して過ごせるようにするのです。

　1週間で，全てのルールを教え切れないと，まずい。

　子どもたちは，不安になります。

　クラスは安定せず，軌道に乗りません。

　でも，クラスには，多くのルールがありますからね。

　それら全てを1週間で教え切るのは，至難の業です。

　「0・1・3・7・30」の中で「7」が一番難しい仕事だと思います。

　それでも，学級崩壊したくなければ，教え切るしかありません。

　そのために必要なのが，教師の「作戦」。

　しっかり「作戦」を立てて，「7」で段取りよく教え切りましょう。

教室移動も，
合言葉で徹底せよ

POINT

あいさつ，給食，掃除と同じです。合言葉をつくれば，クラスのルールを徹底できます。まずは，教室移動です。

すすめ方

① 「教室移動は？」「黙って！　並んで！」という合言葉をつくる。初めての教室移動の前に，この合言葉を教えておく。

② 教室移動の後，教師は「全員起立！　教室移動は？」と合言葉を確認する。子どもたちは「黙って！　並んで！」と言う。

③ 教師は「では，『黙って！　並んで！』できた人，座る」と言う。

④ クラス全員が座れれば「初めての教室移動で，全員ができるなんて，すごい！」と褒める。できていない子がいれば，当然，叱って，「やり直し」。

⑤ 教室移動の後は，必ず②〜④をする。少なくとも「30」の間は，ずっと続ける。

宿題は，朝イチで出させる

 POINT

　宿題は，朝イチで出させましょう。朝のうちに丸ツケをしておけば，後の時間に余裕が生まれます。

すすめ方

① 　新年度2日目の朝から，教師は教室で，子どもたちが来るのを待つ。子どもたちが教室に入ってきたら，笑顔であいさつをする。教師の笑顔は，子どもたちを安心させる。そして，教室を安定させる。

② 　黒板に「(1) 宿題を出す，(2) ランドセルを片付ける，(3) ……」などと，子どもたちがすることと順番を書いておく。

③ 　子どもたちは黒板に書いてある通り，最初に宿題を出す。宿題を出した子には，「ありがとう！　早く出してくれると，助かる」と，お礼を言う。他の子に聞こえるように言う。

④ 　教師は出された宿題から，どんどん丸ツケする。

⑤ 　朝のあいさつまでに，宿題の丸ツケを終わらせる。すると，後の時間に余裕が生まれる。子どもたちと話したり遊んだりできる。

朝自習は，黙って座って

POINT

朝自習は，黙って座ってさせましょう。クラスを落ち着かせるためには，「沈黙の時間」が欠かせません。

 **すすめ方**

① 初めて朝自習をする時。教師は，「朝自習は，黙って座ってします」と言う。

② 教師が「朝自習は？」と聞けば，子どもたちが「黙って！座って！」と言う合言葉をつくる。

③ 朝自習の時，おしゃべりする子が出る。その時，教師は「朝自習は？」と聞いて，合言葉を確認する。

④ おしゃべりしていた子に「言われたことぐらい，ちゃんとしなさい！」と，教師は厳しく言う。

⑤ 合言葉は，くり返し言わせて，徹底する。また，おしゃべりする子，立ち歩く子は，厳しく指導し続ける。そして，朝自習は，黙って座ってすることを徹底する。

授業最初の号令で
全力を出させる

POINT

　授業は，全力の大きな声の号令でスタートです。この号令も，初めての授業の最初に教えてしまいましょう。

✏️ すすめ方

① 　教師は，授業の始まる1分前に教室の前に立つ。そして，チャイムが鳴ったら，すぐに「日直！」と言う。

② 　日直が「姿勢を正しましょう！」と言う。他の子は，「はい！」と声を揃えて言う。

③ 　「今から，○時間目の授業を始めます」「はい！」「がんばりましょう！」「がんばりましょう！」と，日直と他の子のかけ合いで声を出す。

④ 　最後に日直が「礼！」と言う。他の子は「お願いします！」と言ってから，礼をする。語先後礼は，礼儀の基本。

⑤ 　この号令をテンポ良く行う。チャイムが鳴っている間に言い終われば，合格。

有無を言わせず，
授業はすぐにスタート

POINT

　授業は，スタートが肝心です。号令の後は，すぐに授業に入りましょう。

すすめ方

① 　初めての授業が終わり，休み時間になる。その時，次の時間の準備をしてから，休み時間に入ることを教える。合言葉は，「席を立つのは？」「準備をしてから！」。

② 　次の授業の最初。号令の後，教師はすぐに日付と学習するページを書く。そして「書けた人？」と聞く。書けている子を褒める。

③ 　すると，子どもたちは，ノートを開き，下敷きを入れて，授業の開始を待つようになる。

④ 　続けて，教師はすぐにめあてを書く。書き終わったら，「書けた人？」と聞く。教師より早く書く子がいたら，「まっ，負けた〜！」と，思いっきり悔しがる。泣く真似をしてもいい。勝った子は，大喜び。

⑤ 　何も言わなくても，めあてを書くのは，教師 vs 子どもが当たり前になる。そして，子どもたちは先生に勝とうと，どんどん速く書くようになる。

書く時間は，黙らせる

POINT

　落ち着いたクラスにしたければ，黙る時間を増やすことが必要です。書く時間は，黙らせます。これも，初めて書く時間を取った時に教えましょう。

すすめ方

① 　たとえば，気づきを書かせる時。教師は「3分間で箇条書きします。たくさん書いた人がエライ！」などと指示する。時間とどうなったらエライのかを必ず伝える。

② 　子どもたちは，「たくさん」を目指して書く。

③ 　おしゃべりする子がいたら，「3分間は，しゃべりません。鉛筆の音だけが聞こえるようにします」と注意する。

④ 　鉛筆を置く子がいたら，「3分間は，鉛筆を持ち続けます。考えるフリだけでもしなさい」と注意する。

⑤ 　3分後，教師はいくつ書いたか？　数を聞く。「たくさん書いた人がエライ！」と言った以上，たくさん書いた子は褒めないといけない。「フォロー」は，絶対に忘れない。

ゲームは，
盛り上がってからする

「やった〜！」と盛り上がれるクラスにしましょう。どんよ
り重たい空気が続くと，クラスは荒れていきます。

すすめ方

① 初めて「ゲームしようか？」と，教師が言った時。子ども
たちの反応が弱かったら，ゲームするのをやめる。

② 教師は「ゲーム，嬉しくなかったみたいね。では，テスト
をしましょう」と言う。「テスト」は「漢字練習」でも「プリ
ント」でもいい。要は，嫌がらせ。子どもたちが嫌がること
なら，何でもいい。

③ 子どもたちから「え〜！」という強い反応が返ってくる。
そこで，教師は「ゲームしたかったの？　だったら，強い反
応をしてよ」と言う。

④ 「ゲームしようか？」と，教師が言った時の反応を練習する。
「やった〜！」と叫ぶ。ハイタッチしたり，抱き合ったりする。

⑤ 教師は「では，本番。ゲームしようか？」と言う。子ども
たちは練習通り「やった〜！」と叫び，喜び合う。

仕事は，勝ち取るもの

 **POINT**

　給食当番の役割を決めるルーレット型の表をよく見ます。しかし，私は作りません。仕事は，勝ち取るものだからです。

すすめ方

①　子どもたちに日頃から「仕事は，勝ち取るもの」と教えておく。実際，社会に出たら，仕事を与えてはもらえない。

②　初めての給食の時。給食当番は着替え，手を洗って準備をする。準備が終わった子から，順番に並ばせる。

③　準備が早かった子から順番に重たい物を運ぶ。教師は，先頭の子に「お盆，運んで。100万円」と言う。2番目の子には，「ご飯，運んで。50万円」などと言う。

④　大変な仕事をすれば，当然，給料は高くなる。楽な仕事をしたら，給料は少ない。仕事を勝ち取ることができなければ，当然，無職。給料は，0。

⑤　子どもたちは，良い仕事を得て，高い給料を稼ごうとするようになる。素速く着替え，手を洗い，仕事を勝ち取る姿勢が身につく。

靴のかかとは揃えて入れる

 **POINT**

　クラスの状態は，下駄箱の様子を見れば分かるものです。
靴のかかとを揃えて入れさせましょう。落ち着いたクラスを
つくり，荒れを防ぐことができます。

✏ すすめ方

① 　初めての昼休みの前。子どもたち
　全員を連れて，下駄箱に行く。

② 　下駄箱を見て，かかとを揃えて入
　れている（イラスト参照）子を探す。
　教師は，「○○さんの入れ方が，お
　手本！」と，その子を褒める。

③ 　そして，まずは，運動靴のかかとを揃えさせる。全員がで
　きるまでする。

④ 　教師は，上靴も運動靴と同じように，かかとを揃えて入れ
　るように言う。

⑤ 　子どもたちは，運動靴を取る。そして，上靴をかかとを揃
　えて入れる。合格した子は，外に行って遊ぶ。できなければ，
　当然，「やり直し」。

昼休みは，外で遊ぶ。教師も，遊ぶ

POINT

　昼休み，荒れている学級の子どもたちは，教室にいます。そして，悪さをします。昼休みは外で遊ぶというルールをつくって，学級崩壊を予防しましょう。

すすめ方

① 　初めての昼休みの前。教師は，合言葉「昼休みは？」「外で遊ぶ！」を子どもたちに教える。理由は「最近の子は，運動不足で健康を害している」など適当に言う。「教育委員会が外遊びを推奨している」と，権威を利用してもいい。

② 　昼休み，教師は教室にいる。そして，全員がいなくなったのを確認して，教室を出る。

③ 　下駄箱もチェックする。全員，上靴になっていることを確認して，外に出る。

④ 　教師も，一緒に外で遊ぶ。「一緒に遊んでくれるから，先生，好き」と思う子は，多い。学級づくりの「作戦」として，教師が一緒に遊ぶことは欠かせない。

⑤ 　5時間目の最初。何をして遊んだか？　確認する。独りで過ごした子がいないかどうか？　教師は把握しておく。

掃除は，免許制にする

POINT

　仕事は勝ち取るもの。掃除は免許制にしましょう。子どもたちは，「1 級清掃士」を目指して，一生懸命掃除をします。

 **すすめ方**

① 　掃除は，免許制にする。トイレ掃除をする資格のある「1 級清掃士」。教室以外の掃除ができる「2 級清掃士」。教室掃除ができる「3 級清掃士」。3 種類の免許にする。

② 　教師は，掃除の様子をぐるぐる見て回る。そして，誰にどの免許を与えるか決める。

③ 　月に 1 回，掃除免許を発表する。「1 級清掃士」の名前は，大きく書く。「3 級清掃士」は，小さく書く。相撲の番付表のイメージ。

④ 　「1 級清掃士」は，名札に「1」と書かれた金シールを貼る。「1 級清掃士」の証を胸に，誇りをもって掃除をする。

⑤ 　おしゃべりをしたり，サボった子には，当然，免許はない。教室の前に立って，他の子の掃除を見て学ぶ。

※掃除免許制は，親友・土作彰氏の発案

帰りの会は，会社でつくる

 POINT

「自分は，クラスの役に立っている」そんな思いをどの子にももたせたいものです。週に1回，帰りの会でクラスを盛り上げ，自己有用感をもたせましょう。

✏️ すすめ方

① 配り物を配ったり，黒板を消したりするだけの「係」はやめる。それらの仕事は「会社」で分担する。

② 「会社」のメインの活動は，クラスを盛り上げること。お笑い，ダンス，マンガなど自分の得意なことをする。

③ 「会社」は，週に1回，帰りの会でコーナーをもつ。時間は，5分。時間は必ず守らせる。毎日，どれかの「会社」のコーナーがあるように，曜日は調整する。

④ 朝自習のプリントを作ってさせたり，社会（歴史）の授業の最初5分で年号の語呂合わせを教えたりする「会社」は例外。帰りの会でコーナーをもたない。

⑤ 子どもたちは，同じ特技をもつ子と「会社」をつくる。そして，週に1回，帰りの会でクラスを盛り上げる。子どもたちは，帰りの会を楽しみにするようになる。

素速く，サッと帰らせる

POINT

　「さようなら」の後，すぐには帰らない。これ，崩壊学級の子の特徴です。ダラダラと教室に居続けます。「さようなら」の後は，サッと帰らせましょう。

✏ すすめ方

① 　帰りの会は，6時間目の最後の10分間を使ってする。初めての帰りの会をする時に，この約束をつくる。

② 　ランドセルに荷物を片付けるのは，2分以内。これも，初めての時に約束をつくる。2分以内に片付けられるかどうか？のゲームにするといい。すると，子どもたちは，ゲームをクリアしようと，素速く片付ける。

③ 　全員がランドセルに荷物を片付けたら，すぐに「さようなら」。6時間目終了のチャイムが鳴った直後がベスト。

④ 　「さようなら」の後は，すぐに教室を出る約束にしておく。これも，初めての「さようなら」の前に教える。

⑤ 　子どもたちは，早く帰って，たくさん遊べる。教師も，子どもたちが早くいなくなって，たくさん仕事ができる。

6

「30」の時間
教師のしつこさで徹底する

　「30」は，ルールを徹底し，クラスを軌道に乗せるための時間です。「3」や「7」で，クラスのルールを決めました。

　しかし，それだけでは，子どもたちはルールを守りません。

　子どもは，サボる生き物。放っておくと，楽な方へ楽な方へと逃げてしまいます。

　たとえば，下駄箱にかかとを揃えずに靴を入れるようになります。下敷きを使わないようになります。

　そうならないようにするには，……教師のしつこさしかないですね。

　しつこくしつこく言い続けます。しつこくしつこく褒めます。しつこくしつこく叱って，「やり直し」させます。

　「サボる子ども」vs「しつこい教師」の勝負です。勝負に勝てば，下駄箱にかかとを揃えて靴を入れるのが「当たり前」になります。下敷きを使うのが「当たり前」になります。

　我々教師の仕事は「当たり前」を増やしていくことなのです。

細かいタイムスケジュールを
つくり続ける

POINT

　『学級づくりは，4月で決まる！』の書名通り。4月の学級づくりは，手が抜けません。でも，4月死ぬ気でがんばれば，残りの11ヵ月は楽できます。大切な4月は，毎日，細かいタイムスケジュールをつくりましょう。

すすめ方

① 　放課後，教師は翌日の行事予定や日課を見ながら，タイムスケジュールをつくる。

② 　「8：20 全員起立させて，朝自習の合言葉を確認。できたかチェック」など，時間と具体的にすることを書く。

③ 　「★○○さんの連絡帳に手紙！」「★検尿セットを持って帰らせる！」など，絶対に忘れてはいけないことは，目立つように書いておく。

④ 　終わったスケジュールは，線で消していく。絶対に抜けがないようにする。

⑤ 　毎日分刻みで働くのは，キツい。しかし，「30」で手を抜くと，学級は成り立たない。無駄なく，抜けなく過ごすことが学級づくりに必須。

徹底できてる？
チェックリスト

POINT

学級づくりが上手くいっているか？　週に1回，確認しましょう。チェックリストをつくるといいですね。

✏ すすめ方

① 教師は，学級づくりが上手くいっているか？　を確認するチェックリストをつくる。

② 「静かに並んで教室移動ができているか？」「帰りの準備が2分でできているか？」など，項目は具体的にする。

「帰りの準備」が✗（バツ）だ…。
おそい子対策を考えようか…

具対的には…

新しい方法も試そう…

早い子を使って…

③ 項目は，10個に絞る。多すぎると，キツい。無理なくチェックできるようにする。

④ 毎週金曜日の放課後。それぞれの項目を◎○△×で評価する。

⑤ △や×の項目を意識して，次の週に徹底していく。また，効果のない指導は，止めることが大切。教師のこだわりは捨てて，別の指導を試してみる。教室の現実が全て。教師はリアリストであれ。

教師は，しつこさで勝て

POINT

　子どもたちは，サボる生き物です。ルールを破って，楽に楽に逃げようとします。サボらせないためには，教師のしつこさが必須。しつこい指導で，ルールを「当たり前」にしてしまいましょう。

すすめ方

① 　たとえば，教室移動。教師は，教室移動をする度に「全員，起立！　教室移動は？」と言う。子どもたちは「黙って！並んで！」と声を揃えて言う。しつこく合言葉を確認する。

② 　さらに教師は「黙って！　並んで！　教室移動した人，座る」と言う。できたかどうか？　しつこくチェックする。

③ 　座った子は，しつこく褒める。座れない子は，しつこく叱る。そして，当然，しつこく「やり直し」させる。

④ 　少なくとも「30」の間は，しつこく確認，チェック，褒める，叱る，「やり直し」をする。「30」の後も，できなくなってきたと感じたら，再開する。

⑤ 　教室移動は，1つの例。朝自習，昼休みの外遊び，掃除などなど。教師は，全てをしつこく指導して，徹底させる。

授業で時間を守る姿を
見せ続ける

POINT

　授業の開始時刻，終了時刻は，必ず守りましょう。子どもたちにも「時間を守れ！」と言ってあるはず。教師が守らなければ，子どもたちが守るはずがありません。

すすめ方

① 　授業が始まる1分前，教師は必ず教室の前に立っておく。他の用事よりも，授業を最優先する。

② 　始業のチャイムが鳴ったら，教師は「日直！」と叫ぶ。日直は，すぐに号令をかける。チャイムが鳴り終わる前に授業スタート。

③ 　授業中，教師は時計をちらちら見る。残り10分を切ったら，さらに見る。そして，残り時間で何ができるか逆算して，することを決める。

④ 　終業のチャイムが鳴る前に授業をやめる。できれば，2〜3分前にやめると，子どもが喜ぶ。

⑤ 　「命には限りがある。時間は，命。時間を守らない人は，他の人の命を奪っている」と厳しく言っておく。それなのに，教師が子どもたちの命を奪う訳にはいかない。

名前は，必ずチェックする

POINT

　自分の名前は，大きく，丁寧に書かせ続けましょう。その
ためには，教師がしつこくチェックし続けるしかありません。

✏ すすめ方

① 　教師はプリントやテストの採点をする時，子どもの名前か
らチェックする。

② 　大きく，丁寧に書いてあれば，名前に丸をつける。

③ 　小さかったり，雑だったりしたら，当然「やり直し」。子ど
もを呼んで「やり直し」を告げる。

④ 　「やり直し」の子は，自分の名前を大きく，丁寧に 10 回書
いて持ってくる。また小さかったり，雑だったりしたら，当
然「やり直し」。合格するまで書かせる。

⑤ 　叱る必要はない。教師は冷
静に「やり直し」を告げるだけ。
4 月からくり返せば，小さい
名前，雑な名前は「やり直し」
が当たり前になる。子どもた
ちも，自然に受け入れる。

ノートは毎時間, 提出させる

POINT

　教師は年間 1000 時間を超える授業をしています。その授業全てで, ノートを提出させましょう。「先生は, いい加減なことは許さない」と子どもたちに思わせることができます。

すすめ方

① 　授業が終わったら, 子どもたちはノートを提出する。

② 　教師が指示しなくても, 毎時間ノートは提出する約束にしておく。

③ 　教師は, 集めたノートをチェックする。きれいなノート, やるべきことをやっているノートは, スタンプを押す。スタンプは, 「合格」の印。

④ 　雑なノート, やるべきことをやっていないノートは, 当然「やり直し」。

⑤ 　これも, 前ページの名前と同じ。教師は冷静に「やり直し」を告げるだけ。4 月からくり返せば, 「やり直し」が当たり前になる。

制限時間を決めて
ゲームにする

POINT

何をやっても時間がかかる。これは，崩壊学級の特徴です。子どもたちを素速く動かして，学級崩壊を防ぎましょう。何でも制限時間を設けて，ゲームにすれば，子どもたちは素速く動きます。

 **すすめ方**

① たとえば，子どもたちが机とイスを動かして，班の形にする時。教師は「制限時間は，5秒です」と言う。

② 教師は，「5，4，3，……」とカウントダウンする。

③ 子どもたちは，素速く机とイスを動かし始める。

④ 「……，2，1，できた班？」と聞く。できている班は，褒める。そして，拍手を贈る。できていない班に対して，教師は「♪ファンファンファンファンファン……♪」と失敗の音楽を口ずさむ。

⑤ 教室の後ろに並ぶのは，10秒以内。廊下に並ぶのは，30秒以内。制限時間を設けると，ゲームになる。子どもたちは，ゲームをクリアしようと，素速く動くようになる。

大きな声を出させる

POINT

　良いクラスかどうか？　見極めるのは，簡単です。声が大きいクラスは，良いクラスです。逆に，崩壊学級の声は，例外なく小さい。大きな声を出させて，良いクラスをつくりましょう。

すすめ方

① 　まずは，返事。子どもたちが声を揃えて返事をする機会をどんどんつくる。たとえば，「先生が今から話をします」「はい！」「しっかり聞いてくださいね」「はい！」など。

② 　返事は，短いので抵抗が少ない。声の小さな子も無理なく大きな声が出せる。

③ 　一斉音読する機会も，どんどんつくる。国語以外でも，つくる。たとえば，算数の文章問題，社会の用語説明など。

④ 　一斉音読は，スピードを速くする。速いスピードで声を揃えて一斉音読できると，気持ちがいい。子どもたちの声がどんどん大きくなる。

⑤ 　クラス全体の声が大きくなる。すると，小さな声の子もつられて大きくなっていく。クラス全体を底上げしていく。

褒めて暗示をかける

 POINT

　「○○ちゃんのあいさつは，最高だね！」こう言われ続けれ
ば，人間その気になるもの。その子は，ますますあいさつが
上手になります。子どもたちを褒め続けて，その気にさせま
しょう。暗示をかけるのです。

すすめ方

① 　教師は，「このクラスは掃除上手にしたいな」と目標を決める。

② 　目標にしたことは，どんどん褒める。「先生は 30 年以上も教師をやっているけど，このクラスが一番掃除上手だ！」など。

③ 　多少，下手でも，どんどん褒める。「全国に友達の先生がいるけど，いつも君たちの掃除を自慢してるよ。君たちが間違いなく日本で一番，掃除上手だ！」など。

④ 　褒められると，子どもたちは，その気になる。そして，本当にどんどん掃除が上手になっていく。

⑤ 　もちろん，掃除に限らない。声の大きさや素速さなど，どんどん褒めれば，どんどん良くなっていく。

昼休みの遊びは，チェックし続ける

POINT

昼休みの遊びは，必ずチェックしましょう。誰と誰が仲がいいのか？　ケンカをしていないか？　独りぼっちの子がいないか？　などなど。教師は，子どもたちの人間関係を把握しておかなければなりません。

すすめ方

① 教師は，子どもたちの 10 分休みの様子をしっかり見ておく。他の子と遊んだり話したりしながらも，独りの子はいないか見ておく。

② 5 時間目の最初には，昼休みの遊びをチェックする。全員起立させて，何をして遊んだか聞く。一緒に遊んだ子は座っていく。

③ 昼休みに独りの子がいた場合。次の日の昼休みは，注意して，その子の様子を見る。

④ 心配な時は，個人的に話をする。教師が中心になって遊びの輪に入れてもいい。もちろん，スルーも選択肢の 1 つ。

⑤ 休み時間は，子どもにとっての休み時間。教師は，休んではダメ。子どもの様子を注意して見続ける。

教室をきれいな状態に保ち続ける

POINT

　崩壊学級の教室は，汚いものです。逆に言えば，教室をきれいな状態にすれば，学級崩壊しない。そう信じて，毎日掃除して帰りましょう。

 すすめ方

① 　子どもたちが「さようなら」して，帰って行く。

② 　教師は，まずは，黒板をきれいに消す。

③ 　次に，ほうきを持って，教室，廊下の掃き掃除をする。

④ 　さらに，子どもたちの机をきれいに並べる。その時，新たなごみを発見したら，手で拾って捨てる。

⑤ 　今日も学級崩壊しなかったことに感謝しつつ，教室を出る。

上靴は，毎日チェックする

POINT

　崩壊学級の下駄箱は，無茶苦茶です。上靴がバラバラに入っています。それどころか，下駄箱から上靴がはみ出ていたり，落ちた上靴が床に散乱していたりします。上靴を正しく入れて，学級崩壊を防ぎましょう。

すすめ方

① 　教師は，教室の掃除をする。その後で，子どもの下駄箱に行く。

② 　下駄箱の状態を見る。クラス全員がかかとを揃えて入れていれば，学級が落ち着いている証拠。

③ 　名簿でチェックしてもいい。一人ひとりの子どもの状態を把握できる。

④ 　毎日かかとを揃えて入れている子を学級通信で紹介して褒めれば，効果バツグン。

⑤ 　揃っていなければ，教師が揃える。教師が揃えてでも，落ち着いた学級を演出する。すると，学級崩壊しない。（と，信じてする）

著者紹介

●中村健一

1970 年山口県生まれ。現在，山口県岩国市立御庄小学校勤務。お笑い教師同盟などに所属。日本一のお笑い教師として全国的に活躍。

主な著書に，『授業上手に思わせる！ コツ＆ネタ厳選 79』『クラスを「つなげる」ミニゲーム集 BEST55 ＋α＆おまけの小ネタ集』『新装版　ゲームはやっぱり定番が面白い！　ジャンケンもう一工夫 BEST55 ＋α』『子どもも先生も思いっきり笑える 73 のネタ＋おまけの小ネタ 7 大放出！』『健一中村の絶対すべらない授業のネタ 78』『新装版　子どもが大喜びで先生もうれしい！　学校のはじめとおわりのネタ 108』『子どもも先生も感動！　健一＆久仁裕の目からうろこの俳句の授業』『新装版　教室で家庭でめっちゃ楽しく学べる国語のネタ 63』『新装版　めっちゃ楽しく学べる算数のネタ 73』『新装版　つまらない普通の授業に子どもを無理矢理乗せてしまう方法』『新装版　ホメる！　教師の 1 日』『With コロナ時代のクラスを「つなげる」ネタ 73』『新装版　担任必携！　学級づくり作戦ノート』『表現力がぐんぐん伸びる中村健一のお笑い国語クイズ 41』『新装版　笑う！　教師の 1 日』『新装版　子どもも先生も思いっきり笑える爆笑授業の作り方 72』（以上，黎明書房），『中村健一　エピソードで語る教師力の極意』『策略　ブラック学級づくり―子どもの心を奪う！　クラス担任術―』（以上，明治図書出版）がある。その他，著書多数。

出演 DVD に「見て，すぐわかる授業導入のアイディア集―お笑い系導入パターン―」（ジャパンライム），「明日の教室 DVD シリーズ 36　学級づくりは 4 月が全て！―最初の 1 カ月死ぬ気でがんばれば，後の 11 カ月は楽できる―」（有限会社カヤ）がある。

＊イラスト：山口まく

学級（がっきゅう）づくりは，4 月（がつき）で決まる！

2025 年 2 月 10 日　初版発行	著　者	中村（なかむら）健一（けんいち）
	発行者	武馬久仁裕
	印　刷	株式会社太洋社
	製　本	株式会社太洋社

発　行　所　　　株式会社　黎（れい）明（めい）書（しょ）房（ぼう）

〒 460-0002　名古屋市中区丸の内 3-6-27　EBS ビル
☎ 052-962-3045　FAX 052-951-9065　振替・00880-1-59001
〒 101-0047　東京連絡所・千代田区内神田 1-12-12 美土代ビル 6 階
☎ 03-3268-3470

落丁本・乱丁本はお取替えします。　　　ISBN978-4-654-02407-0